LUNCH IM GLAS

Goodbye Kantine, hello Fitfood

Autorin: Martina Kittler | Fotos: Kramp + Gölling Fotodesign

DIE GU-QUALITÄTS-GARANTIE

Wir möchten Ihnen mit den Informationen und Anregungen in diesem Buch das Leben erleichtern und Sie inspirieren, Neues auszuprobieren. Bei jedem unserer Bücher achten wir auf Aktualität und stellen höchste Ansprüche an Inhalt, Optik und Ausstattung. Alle Rezepte und Informationen werden von unseren Autoren gewissenhaft erstellt und von unseren Redakteuren sorgfältig ausgewählt und mehrfach geprüft. Deshalb bieten wir Ihnen eine 100 %ige Qualitätsgarantie.

Darauf können Sie sich verlassen:
Wir legen Wert darauf, dass unsere Kochbücher zuverlässig und inspirierend zugleich sind. Wir garantieren:
• dreifach getestete Rezepte
• sicheres Gelingen durch Schritt-für-Schritt-Anleitungen und viele nützliche Tipps
• eine authentische Rezept-Fotografie

Wir möchten für Sie immer besser werden:
Sollten wir mit diesem Buch Ihre Erwartungen nicht erfüllen, lassen Sie es uns bitte wissen! Wir tauschen Ihr Buch jederzeit gegen ein gleichwertiges zum gleichen oder ähnlichen Thema um. Nehmen Sie einfach Kontakt zu unserem Leserservice auf. Die Kontaktdaten unseres Leserservice finden Sie am Ende dieses Buches.

GRÄFE UND UNZER VERLAG
Der erste Ratgeberverlag – seit 1722.

INHALT

TIPPS UND EXTRAS

8 VEGGIE-SALATE

Das grüne Blatt bei den Rezepten heißt fleischloser Genuss:
Mit diesem Symbol sind alle vegetarischen Gerichte gekennzeichnet.

DER PERFEKTE OFFICE-LUNCH

Schnell vorbereitet, gesund kombiniert und variantenreich: Ein Mittagessen im Glas ist die beste Alternative zu Kantine & Co. – und die Pause wird zum kulinarischen Highlight.

So geht's: Das Glas Schicht für Schicht mit den zerkleinerten Zutaten füllen, verschließen und über Nacht in den Kühlschrank stellen. Am nächsten Tag auf dem Weg zur Arbeit in die Tasche packen und im Büro bis zur Mittagspause am besten wieder kühl aufbewahren. (Alternativ können Sie Ihren Lunch auch in der Früh zubereiten.) Ihre Kollegen werden staunen, welche appetitliche Pracht sich entfaltet, wenn Sie den Inhalt auf einem Teller mischen und Salat, Suppe oder Müsli genießen!

SO BLEIBT ALLES FRISCH UND APPETITLICH

Ein Schraubglas ist das Gefäß der ersten Wahl, wenn es darum geht, Salate, Suppen & Co. sicher zu transportieren. Gut geeignet sind Marmeladen- oder Einmachgläser mit Metalldeckel oder -bügel, die sich dank einer großen Öffnung bequem füllen und wieder leeren lassen. Sie sind preiswert, aber relativ schwer. Wer leichtes »Gepäck« bevorzugt, kann sich zum Beispiel klassische Mason-Jar-Gefäße aus Kunststoff anschaffen.

LUST AUF SALAT AUS DEM GLAS

Egal, ob Sie einen Salat mit zarten Blättern, Kartoffeln und Thunfisch oder vegetarisch mit Kidneybohnen, Tomaten und Mozzarella genießen wollen: Das Geheimnis liegt in der Reihenfolge der Schichten. Wichtig ist, dass die einzelnen Zutaten dicht aufeinander liegen. Denn je weniger Luft dazwischen steckt, desto länger bleibt der Salat frisch und knackig. Im Kühlschrank hält er sich mindes-

Was esse ich bloß heute Mittag? Häufig genug stellt sich diese Frage bei der Arbeit. Es soll zwar schnell gehen und wenig Mühe machen, aber doch lecker schmecken. Dabei kommt gesundes Essen oft zu kurz. Das muss nicht sein! Denn es gibt eine herrlich leichte Alternative zu Fast Food & Co.: Ein Glas voll mit gesundem Genuss. Paprika-Bohnen-Salat mit Feta, Kohlrabi-Flusskrebs-Cocktail, Gemüse-Gnocchi-Suppe – lauter köstliche Kleinigkeiten, die sich am Vorabend oder Morgen zu Hause ohne großen Aufwand vorbereiten lassen.

tens 2 Tage. In den Schichtsalat darf alles, was sich im Kühlschrank findet: TK-Gemüse, Reisreste, Salami, ein Stück vom Sonntagsbraten, Oliven, Kapern und mehr.

Das Prinzip ist einfach: Ganz unten ins Glas kommt die Salatsauce. Dann als erstes feste Zutaten wie Kichererbsen, Bohnen oder Möhren einfüllen, die die Sauce nicht aufnehmen. Ausnahme: Getreide wie gegarter Bulgur und Couscous sollte zuerst ins Dressing, damit es gut durchziehen kann. Nacheinander folgen weichere Zutaten wie Tomaten, Avocado und Eier. Salatblätter möglichst trocken als letztes einfüllen. Zum Schluss mit Kräutern oder Sprossen, Nüssen, Samen und Käse toppen. Deckel drauf und ab in den Kühlschrank! Zum Essen das Glas auf einen großen Teller stürzen – fertig ist eine gesunde und ausgewogene Mahlzeit!

SCHNELLE SUPPENKÜCHE

Suppen aus dem Glas sind eine heiße Blitz-Mahlzeit. Ganz einfach am Vorabend oder, bevor Sie zur Arbeit gehen, zerkleinertes Gemüse, Tofu, vorgegarte Garnelen oder gegartes Hühnerfleisch mit sättigenden Einlagen wie Instant-Nudeln oder Express-Reis und Gewürzen in ein Glas füllen. Damit die Zutaten richtig heiß und gar werden, sollte das Glas aus hitzebeständigem Kunststoff sein. Dieser speichert weniger Wärme als Glas, die Hitze wird sofort an den Inhalt weitergegeben. Den Deckel auflegen, das Glas (über Nacht) kühl stellen und am besten ca. 1 Std. vor dem Essen Zimmertemperatur annehmen lassen. Zum Essen nur noch sprudelnd kochendes Wasser darübergießen. Das Glas verschließen und alles ca. 5 Min. ziehen lassen. Dabei zwischendurch kräftig schwenken, damit sich das heiße Wasser besser verteilt. Danach ist die Suppe genussfertig: einfach in eine Schale füllen und sofort heiß löffeln.

MÜSLI, PORRIDGE UND PUDDING TO GO

Wie cool ist das denn? Auch Getreidemahlzeiten haben jetzt als süßer Büro-Lunch den Weg ins Schraub- oder Mason-Jar-Glas gefunden. Es ist ganz unkompliziert und leicht: Haferflocken, Buchweizenflocken, feine Dinkel- und Multikornflocken, Bulgur, Couscous und Chia-Samen wandern als erste Zutat in das Glas und werden je nach Rezept mit kalter oder heißer Flüssigkeit, wie zum Beispiel Milch, Mandeldrink, Wasser oder Fruchtsaft, aufgegossen. Kurz quellen lassen oder zum Einweichen (über Nacht) kühl stellen. Mit Gewürzen wie Vanille und Zimt und Zutaten wie Honig, Nüssen, Joghurt und Früchten wird daraus am Mittag oder nächsten Tag eine bekömmliche Fitmacher-Mahlzeit zum Mitnehmen. PS: Wer es auch beim Müsli lieber herzhaft mag, kombiniert Flocken & Co. pikant mit Gemüse, Rohkost, Essig und Öl.

GRIECHISCHER SALAT

1½ EL Essig | ½ TL Senf | Salz | Pfeffer | 3 EL Olivenöl | 100 g Kichererbsen (aus der Dose) |
80 g Salatgurke | 50 g Kirschtomaten | 8 schwarze Oliven (ohne Stein) | 1 Mini-Romanasalat |
3 Stiele Petersilie | 50 g Schafskäse (Feta)
Für 1 Glas (ca. 600 ml) | 15 Min. Zubereitung | Pro Glas ca. 565 kcal, 15 g EW, 47 g F, 19 g KH

1 Essig, Senf, Salz und Pfeffer gründlich verrühren. Das Öl nach und nach mit einem Schneebesen unterschlagen, bis die Vinaigrette cremig ist. In das Glas gießen.

2 Die Kichererbsen in ein Sieb abgießen, kalt abbrausen und gut abtropfen lassen. Diese feste Zutat als erstes nach der Vinaigrette in das Glas geben.

3 Die Gurke schälen und würfeln. Die Tomaten waschen und vierteln. Die Oliven abtropfen lassen und halbieren. Dann diese weicheren Zutaten einschichten.

4 Den Salat putzen und waschen, trocken schleudern und in kleine Stücke zupfen. Den Salat als nächste Schicht auf die Oliven in das Glas legen.

5 Petersilie waschen, trocken schütteln, Blätter abzupfen und grob schneiden. Feta zerbröckeln. Beides aufstreuen und das Glas verschlossen kühl stellen.

6 Zum Essen das Glas öffnen, den Salat auf einen Teller stürzen und die Zutaten mit der Vinaigrette mischen. Eventuell mit Salz und Pfeffer abschmecken.

NUDEL-GEMÜSE-SUPPE

1 kleine Möhre (ca. 50 g) | 2 Frühlingszwiebeln | 50 g Tofu | 30 g Instant-Eiernudeln | 1 Stück Ingwer
(ca. 1 cm) | ½ rote Chilischote | 1 TL gekörnte Gemüsebrühe | 1 EL Sojasauce |
1 Handvoll Babyspinat | 2 TL Sesamsamen
Für 1 Glas (ca. 600 ml) | 20 Min. Zubereitung | Pro Portion ca. 270 kcal, 14 g EW, 10 g F, 32 g KH

1 Die Möhre schälen und in feine Stifte schneiden. Die Frühlingszwiebeln putzen, waschen und in feine Ringe schneiden. Beides in das Glas geben.

2 Den Tofu trocken tupfen und in ca. 1 cm große Würfel schneiden. Die Tofuwürfel in das Glas auf das Gemüse legen, dann die Nudeln darüberschichten.

3 Ingwer schälen, Chili putzen und waschen, beides klein würfeln. Alle Zutaten im Glas mit Ingwer, Chili und Brühe bestreuen und mit Sojasauce beträufeln.

4 Den Spinat putzen und waschen, trocken schütteln und daraufgeben. Mit Sesam bestreuen. Das Glas verschließen und in den Kühlschrank stellen.

5 Zutaten mit 350 ml sprudelnd kochendem Wasser übergießen, Glas verschließen und kräftig schwenken, ca. 5 Min. ziehen lassen. In einer Schale anrichten.

TIPP

Wer die Möhren- und Frühlingszwiebelstücke nicht ganz so knackig mag, brät sie vorher einfach in einer Pfanne in ca. 2 TL Öl 1 – 2 Min. an. Alternativ kann man das Gemüse in der Mikrowelle bei 600 Watt ca. 1 Min. erhitzen, bevor es mit den übrigen Zutaten wie beschrieben in das Glas kommt.

VEGGIE-SALATE

Glasklare Sache: Knackfrisches Gemüse und grüne Blätter haben sich hier mit Hülsenfrüchten, Pasta, Couscous & Co. als Salat herausgeputzt und mit feinen Dressings verbandelt. Zehn köstliche neue Begleiter für Ihren Lunch. Umwerfend gut!

SCHARFER SÜSSKARTOFFELSALAT MIT BOHNEN

Da ist ganz schön Pfeffer drin! In der bunten Mischung mit Bohnen, Mais und Süßkartoffeln sorgen scharfer Tomatensaft und Tabasco in der Vinaigrette für Pep und Würze.

Salz
100 g Süßkartoffel
50 g feine grüne Bohnen
(Prinzessbohnen)
5 EL scharfer Tomatensaft
1 EL Rotweinessig
½ TL flüssiger Honig
1 EL Olivenöl
Pfeffer
Tabasco
1 kleine Dose Kidneybohnen
(120 g Abtropfgewicht)
70 g Maiskörner (aus der Dose)
1 Mini-Romanasalat
40 g geraspelter Cheddar

Tex-Mex-Stärkung

Für 1 Glas (ca. 600 ml) |
20 Min. Zubereitung
Pro Glas ca. 600 kcal,
25 g EW, 26 g F, 63 g KH

1 In einem Topf ½ l Salzwasser aufkochen. Die Süßkartoffel schälen, waschen und in ca. 1 cm große Würfel schneiden. Die grünen Bohnen putzen, waschen und in Stücke schneiden. Süßkartoffel und Bohnen im Salzwasser 7 – 8 Min. garen. Dann in ein Sieb abgießen, kalt abschrecken und abtropfen lassen.

2 Inzwischen für die Vinaigrette den Tomatensaft mit Essig, Salz und Honig verrühren. Das Öl unterschlagen. Die Vinaigrette mit Pfeffer und einigen Spritzern Tabasco scharf abschmecken.

3 Kidneybohnen und Mais getrennt in ein Sieb abgießen, kalt abbrausen und gut abtropfen lassen. Den Romanasalat putzen, waschen und längs vierteln. Die Blätter vom Strunk befreien, in ca. 1 cm breite Streifen schneiden und trocken schleudern.

4 Zuerst die Tomatenvinaigrette in das Glas gießen. Dann nacheinander Kidneybohnen, Süßkartoffel, grüne Bohnen und Mais darüberschichten. Die Salatstreifen daraufgeben. Mit dem Cheddar bestreuen. Das Glas verschließen und (über Nacht) in den Kühlschrank stellen. Zum Essen den Salat auf einen Teller stürzen und gut mischen. Als Beilage passt Ciabatta oder Baguette.

TIPP Wer mittags gerne feurig isst, kann den Salat gleich in der doppelten Menge zubereiten und auf zwei Gläser verteilen. Dank der robusten Zutaten hält er sich im Kühlschrank 2 – 3 Tage frisch.

GRÜNER SPARGEL-NUDEL-SALAT

40 g Mini-Nudeln (z. B. Hörnchen) | Salz |
2 TL Pinienkerne | 100 g grüner Spargel |
100 g Kirschtomaten | 1 Frühlingszwiebel |
50 g Mozzarellakugeln | 1 Handvoll Rucola
(ca. 20 g) | 3 Stiele Basilikum | 1 EL Weißwein-
essig | 1 EL Olivenöl | Pfeffer

Pausenfüller all'italiana

Für 1 Glas (ca. 600 ml) | 20 Min. Zubereitung
Pro Glas ca. 530 kcal, 21 g EW, 33 g F, 36 g KH

1 Die Mini-Nudeln in reichlich Salzwasser nach
Packungsanweisung bissfest garen. In ein Sieb ab-
gießen, dabei 2 ½ EL Kochwasser auffangen. Die
Nudeln kalt abschrecken und abtropfen lassen.

2 Inzwischen die Pinienkerne in einer Pfanne
ohne Fett goldbraun rösten, vom Herd nehmen
und abkühlen lassen. Den Spargel waschen, die
unteren Enden abschneiden und die Stangen
schräg in dünne Scheiben schneiden. Die Tomaten
waschen und halbieren. Frühlingszwiebel putzen,
waschen, weiße und hellgrüne Teile in feine Ringe
schneiden. Mozzarella abtropfen lassen und halbieren. Rucola verlesen, waschen und trocken
schütteln, dabei grobe Stiele entfernen.

3 Für die Vinaigrette Basilikum waschen und trocken schütteln, Blätter abzupfen und grob schneiden. Mit dem aufgefangenen Nudelkochwasser,
Essig und Öl fein pürieren. Kräftig salzen und pfef-
fern und in das Glas gießen. Nacheinander Nudeln,
Spargel, Tomaten, Frühlingszwiebel und Mozzarella darüberschichten. Den Rucola daraufgeben
und alles mit den Pinienkernen bestreuen. Das
Glas verschließen und (über Nacht) in den Kühlschrank stellen. Zum Essen den Salat auf einen
Teller stürzen und gut mischen.

PIKANTER GEMÜSE-BROTSALAT

5 EL Gemüsesaft | 1 EL Aceto balsamico bianco | Salz | Pfeffer | 2 EL Olivenöl | 2 orange Snack-Paprikaschoten | ½ kleine rote Zwiebel | 1 Mini-Gurke | 1 Eiertomate | 2 TL Kapern (aus dem Glas) | 3 schwarze Oliven (ohne Stein) | je 2 Stiele Petersilie und Basilikum | 30 g Brotchips (z. B. mit Meersalz oder Knoblauch)

Wie im Süden genießen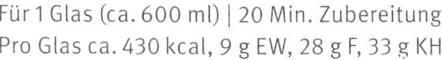

Für 1 Glas (ca. 600 ml) | 20 Min. Zubereitung
Pro Glas ca. 430 kcal, 9 g EW, 28 g F, 33 g KH

1 Für die Vinaigrette den Gemüsesaft mit Essig, Salz, Pfeffer und Öl gründlich verrühren.

2 Paprika halbieren und putzen, waschen und in dünne Halbringe schneiden. Zwiebel abziehen und in dünne Halbringe schneiden. Gurke waschen und in ½ cm dicke Scheiben schneiden. Die Tomate waschen und ebenfalls in ½ cm dicke Scheiben schneiden, dabei den Stielansatz entfernen. Kapern und Oliven abtropfen lassen, Oliven halbieren. Die Kräuter waschen und trocken schütteln, die Blätter abzupfen und fein schneiden.

3 Zuerst die Vinaigrette in das Glas gießen. Dann nacheinander Paprika, Zwiebel und zwei Drittel der Brotchips darüberschichten. Darauf Gurke, Tomate und übrige Brotchips legen und mit Kapern, Oliven und Kräutern bestreuen. Das Glas verschließen und (über Nacht) in den Kühlschrank stellen. Zum Essen den Salat aus dem Glas auf einen Teller stürzen und locker mischen.

TIPP

Für einen Schärfe-Kick können Sie die Gemüse-vinaigrette noch mit etwas Cayennepfeffer oder Pul biber (Chiliflocken) würzen.

BRUNNENKRESSE-ROHKOST MIT ZARTWEIZEN

Macht mittags so richtig Lust: Knackfrisches Gemüse mit Sprossen und sahnigem Zitronen-Joghurt-Dressing. Mit Ei und Kernen »on top« wird daraus ein echter Vital-Salat!

30 g Zartweizen (z. B. Ebly)
Salz
1 Ei
2 TL Vital-Kernemix
(z. B. Kürbis-, Sonnenblumen-,
Pinienkerne)
80 g Sahnejoghurt
1 EL Zitronensaft
Pfeffer
1 TL flüssiger Honig
1 EL Rapskernöl
1 TL Leinöl
1 kleine Möhre (ca. 50 g)
50 g junger Zucchino
5 Radieschen (ca. 50 g)
30 g Brunnenkresse
(ersatzweise Gartenkresse)
1 Handvoll Sprossen (ca. 20 g,
z. B. Radieschen oder Alfalfa)

Filmacher mit Biss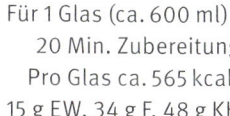

Für 1 Glas (ca. 600 ml) |
20 Min. Zubereitung
Pro Glas ca. 565 kcal,
15 g EW, 34 g F, 48 g KH

1 Den Zartweizen in einem Topf in Salzwasser nach Packungsanweisung garen. Dann in ein Sieb abgießen, kalt abschrecken und gut abtropfen lassen.

2 Inzwischen das Ei in 9 – 10 Min. hart kochen, kalt abschrecken und abkühlen lassen. Die Kerne in einer Pfanne ohne Fett bei mittlerer Hitze leicht rösten. Vom Herd nehmen und abkühlen lassen. Joghurt mit Zitronensaft, Salz, Pfeffer, Honig und beiden Ölsorten zu einem Dressing verrühren.

3 Die Möhre schälen und fein raspeln. Zucchino putzen, waschen und grob raspeln. Radieschen putzen, waschen und grob raspeln oder in feine Stifte schneiden. Brunnenkresse waschen, trocken schütteln und die Blätter von den Stielen zupfen. Sprossen in einem Sieb kurz abbrausen und abtropfen lassen. Das Ei pellen und quer in Scheiben schneiden.

4 Zuerst das Joghurtdressing in das Glas gießen und den Zartweizen daraufgeben. Dann nacheinander Möhre, Zucchino und Radieschen darüberschichten. Mit den Eischeiben belegen, Brunnenkresse daraufgeben, mit Sprossen und Kernen bestreuen. Das Glas verschließen und (über Nacht) in den Kühlschrank stellen. Zum Essen den Salat auf einen Teller stürzen und gut mischen.

TIPP

Je nach Saison und Angebot passen in den Rohkostsalat auch Salatgurke, Kohlrabi, Spitzkohl, Staudensellerie oder Champignons. Im Herbst bieten sich Kürbis und Apfel an, im Winter Pastinaken und Rote Bete. Veganer lassen das Ei weg und ersetzen den Joghurt im Dressing durch Seidentofu.

QUINOA-SPINAT-SALAT MIT ZIEGENKÄSE

100 ml Gemüsebrühe | 40 g Quinoa | 1 EL Sonnenblumenkerne | 1 EL Aprikosenkonfitüre | 2 EL Zitronensaft | Salz | Pfeffer | 2 EL Olivenöl | ½ Avocado | 5 Radieschen (ca. 50 g) | 5 kleine Erdbeeren | 50 g Babyspinat | 1 Ziegenfrischkäsetaler (ca. 40 g)

Frühlingsfrischer Hochgenuss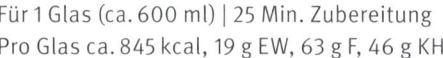

Für 1 Glas (ca. 600 ml) | 25 Min. Zubereitung
Pro Glas ca. 845 kcal, 19 g EW, 63 g F, 46 g KH

1 Die Brühe aufkochen. Die Quinoa in einem Sieb unter heißem Wasser abbrausen und gut abtropfen lassen. Anschließend in der Brühe zugedeckt bei schwacher Hitze 18 – 20 Min. quellen lassen. Quinoa in ein Sieb abgießen, abtropfen und abkühlen lassen. Inzwischen die Kerne in einer beschichteten Pfanne ohne Fett goldbraun rösten, vom Herd nehmen und abkühlen lassen.

2 Für die Vinaigrette Konfitüre, 1 ½ EL Zitronensaft, 2 EL Wasser, Salz und Pfeffer kräftig verrühren. Das Öl unterschlagen.

3 Die Avocado entkernen und das Fruchtfleisch mit einem Löffel herauslösen, würfeln und mit dem übrigen Zitronensaft beträufeln. Radieschen putzen, waschen und in dünne Scheiben schneiden. Die Erdbeeren waschen und trocken tupfen, entkelchen und halbieren. Spinat putzen, waschen und trocken schütteln.

4 Zuerst die Vinaigrette in das Glas gießen und die Quinoa daraufgeben. Dann nacheinander Avocado, Radieschen, Erdbeeren und Spinat darüberschichten. Ziegenkäse grob zerbröckeln und mit den Kernen daraufstreuen. Das Glas verschließen und (über Nacht) kühl stellen. Zum Essen den Salat auf einen Teller stürzen und gut mischen.

PFIFFERLINGSALAT MIT MARONEN

50 g Pfifferlinge (ersatzweise Champignons) | ½ EL Olivenöl | Salz | Pfeffer | ½ TL getrockneter Majoran | 2 EL Zitronensaft | 2 TL Agavendicksaft | Piment d'Espelette | 2 EL Walnussöl | 1 Stange Staudensellerie | 100 g gegarte, geschälte Maronen (Esskastanien; vakuumverpackt) | ½ kleiner Apfel (ca. 50 g) | 50 g Feldsalat | 30 g fein geraspelter mittelalter Gouda

Fein im Herbst 🌿

Für 1 Glas (ca. 600 ml) | 20 Min. Zubereitung
Pro Glas ca. 590 kcal, 15 g EW, 35 g F, 50 g KH

1 Die Pfifferlinge putzen und bei Bedarf trocken abreiben, größere Pilze grob zerteilen. Das Olivenöl in einer kleinen Pfanne erhitzen und die Pilze darin unter Wenden bei mittlerer Hitze ca. 2 Min. anbraten. Vom Herd nehmen, mit Salz, Pfeffer und Majoran würzen und abkühlen lassen.

2 Für die Vinaigrette 1 ½ EL Zitronensaft mit 2 EL Wasser, Dicksaft, Salz und Piment d'Espelette verrühren. Das Walnussöl unterschlagen.

3 Den Sellerie putzen, waschen und in feine Scheiben schneiden. Maronen grob hacken. Apfel waschen, nochmals halbieren und entkernen. Die Viertel in Scheiben schneiden und sofort mit dem übrigen Zitronensaft beträufeln. Den Feldsalat verlesen, waschen und trocken schütteln.

4 Zuerst die Vinaigrette in das Glas gießen. Dann nacheinander Pilze, Sellerie, Maronen und Apfelscheiben darüberschichten. Mit Gouda bestreuen und zuletzt den Feldsalat daraufgeben. Das Glas verschließen und (über Nacht) in den Kühlschrank stellen. Zum Essen den Salat aus dem Glas auf einen Teller stürzen und gut mischen. Dazu schmeckt ein Roggenbrötchen.

MÖHREN-COUSCOUS-SALAT MIT KICHERERBSEN

»Deckel öffne dich ... « für orientalische Gaumenfreuden: Der süß-würzige Salat mit Couscous, Granatapfel und Kichererbsen in Orangenvinaigrette verspricht sinnenfrohen Genuss.

100 ml Gemüsebrühe
2 ½ EL Olivenöl
50 g Instant-Couscous
2 TL Mandelstifte
1 kleine Möhre (ca. 50 g)
80 g Kichererbsen
(aus der Dose)
3 Stiele Petersilie
1 Stiel Minze
2 EL Orangensaft
1 EL Obstessig
Salz | Pfeffer
½ TL Ras el Hanout
(orient. Gewürzmischung)
1 TL flüssiger Honig
2 EL Sahnejoghurt
1 EL Granatapfelkerne
(siehe Tipp)

Erfrischend mit Kräutern 🌿

Für 1 Glas (ca. 600 ml) |
20 Min. Zubereitung
Pro Glas ca. 645 kcal,
13 g EW, 34 g F, 68 g KH

1 In einem Topf die Brühe mit ½ EL Öl aufkochen. Den Couscous damit in einer Schüssel übergießen und zugedeckt ca. 5 Min. quellen lassen, dann mit einer Gabel auflockern. Inzwischen die Mandelstifte in einer Pfanne ohne Fett bei mittlerer Hitze goldbraun rösten. Vom Herd nehmen und abkühlen lassen.

2 Die Möhre schälen und auf der Gemüsereibe in feine Stifte schneiden oder hobeln. Kichererbsen in ein Sieb abgießen, kalt abbrausen und abtropfen lassen. Petersilie und Minze waschen und trocken schütteln, Blätter abzupfen und fein schneiden.

3 Für die Vinaigrette Orangensaft, Essig, Salz, Pfeffer, Ras el Hanout und Honig verrühren. Das übrige Öl unterschlagen.

4 Zuerst die Vinaigrette in das Glas gießen und den Couscous daraufgeben. Dann Möhre und Kichererbsen darüberschichten. Den Joghurt daraufgeben. Mit Mandeln, Granatapfelkernen, Petersilie und Minze bestreuen. Das Glas verschließen und (über Nacht) in den Kühlschrank stellen. Zum Essen den Salat auf einen Teller stürzen und vorsichtig mischen.

TIPP

Greifen Sie zu, wenn Sie im Gemüseladen oder im Supermarkt bereits ausgelöste Granatapfelkerne entdecken! Es gibt nur ganze Früchte? Dann den Granatapfel halbieren und die Kerne über einer Schüssel mit einer Gabel aus der Frucht lösen (Achtung, das spritzt!). In einem Sieb kalt abbrausen und abtropfen lassen. Übrige Kerne können Sie zugedeckt im Kühlschrank aufbewahren und beispielsweise für ein Dessert verwenden. Sie halten sich gekühlt ca. 1 Woche.

PAPRIKA-BOHNEN-SALAT MIT FETA

125 g weiße Bohnen (aus der Dose) | 80 g ge-grillte, in Öl eingelegte Paprikaschoten (aus dem Glas) | 2 kleine Strauchtomaten | 1 Früh-lingszwiebel | 50 g Schafskäse (Feta) | 4 Kapernäpfel | ½ Mini-Romanasalat (ca. 50 g) | 3 Stiele Petersilie | 3 EL Gemüsebrühe | 1 EL Zi-tronensaft | ½ TL Harissa (marokkan. Gewürz-paste) | Salz | Pfeffer | 2 EL Olivenöl

Mediterran inspiriert 🌿

Für 1 Glas (ca. 600 ml) | 15 Min. Zubereitung
Pro Glas ca. 490 kcal, 18 g EW, 31 g F, 30 g KH

1 Die Bohnen in ein Sieb abgießen, kalt abbrau-sen und gut abtropfen lassen. Paprika abtropfen lassen und in ca. 1 cm breite Streifen schneiden. Tomaten waschen und in Scheiben schneiden, dabei die Stielansätze entfernen. Frühlingszwiebel putzen, waschen und weiße und hellgrüne Teile in feine Ringe schneiden. Den Feta grob zerkrümeln. Kapernapfel entstielen und längs halbieren. Salat putzen und waschen, trocken schleudern und in Stücke zupfen. Petersilie waschen und trocken schütteln, Blätter abzupfen und grob schneiden.

2 Für die Vinaigrette die Brühe mit Zitronensaft, Harissa, Salz und Pfeffer verrühren, anschließend das Öl mit einem Schneebesen unterschlagen.

3 Zuerst die Vinaigrette in das Glas gießen und die Bohnen hineingeben. Dann Paprika, Tomaten und Frühlingszwiebel darüberschichten. Mit Feta und Kapernäpfeln belegen. Den Salat daraufgeben und mit Petersilie bestreuen. Das Glas verschlie-ßen und (über Nacht) in den Kühlschrank stellen. Zum Essen den Salat aus dem Glas auf einen Teller stürzen und nochmals gut mischen. Dazu schmeckt Pita-Brot oder Ciabatta.

KÜRBIS-LINSEN-SALAT

1 EL Kürbiskerne | 50 g Lauch (nur weiße Teile) |
130 g braune Linsen (aus der Dose) | 80 g süß-
sauer eingelegter Kürbis und 2 EL Einlegesud
(aus dem Glas) | 2 – 3 Blätter Endiviensalat |
¼ Bund Schnittlauch | 1 EL Weißweinessig |
1 TL körniger Senf | 1 TL flüssiger Honig | Salz |
Pfeffer | 2 EL Rapskernöl | 1 TL Kürbiskernöl

Mit feiner Senfnote 🌿

Für 1 Glas (ca. 600 ml) | 15 Min. Zubereitung
Pro Glas ca. 530 kcal, 15 g EW, 31 g F, 46 g KH

1 Die Kürbiskerne in einer Pfanne ohne Fett bei
mittlerer Hitze rösten. Vom Herd nehmen und auf
einem Teller abkühlen lassen.

2 Inzwischen Lauch putzen und längs halbieren,
gründlich waschen und in feine Scheiben schneiden. Mit kochendem Wasser übergießen und

ca. 3 Min. ziehen lassen. Dann in ein Sieb abgießen, kalt abschrecken und gut abtropfen lassen.

3 Die Linsen in ein Sieb abgießen, kalt abbrausen
und abtropfen lassen. Den Kürbis gut abtropfen
lassen, dabei 2 EL Kürbissud auffangen. Kürbis fein
würfeln. Den Salat putzen und waschen, trocken
schleudern und in 1 – 2 cm breite Streifen schneiden. Den Schnittlauch waschen, trocken schütteln
und in feine Röllchen schneiden.

4 Für die Vinaigrette Kürbissud und Essig mit
Senf, Honig, Salz und Pfeffer verrühren. Raps- und
Kürbiskernöl unterschlagen und alles in das Glas
gießen. Linsen hineingeben, darüber Lauch, Kürbis
und Salat schichten. Mit Schnittlauch und Kernen
bestreuen. Das Glas verschließen und (über Nacht)
in den Kühlschrank stellen. Zum Essen den Salat
auf einen Teller stürzen und gut mischen.

ASIA-GEMÜSESALAT MIT TOFU

Knackig, bunt und rohköstlich: Dieser Salat mit Reisnudeln, feinen Gemüsestreifen und Erdnuss-Kokos-Dressing sorgt in der Pause für Abwechslung und macht rasch wieder fit.

20 g Reisnudeln
75 g Tofu
5 TL Sojasauce
1 Bio-Limette
80 g Kokosmilch (aus der Dose)
2 TL Erdnussbutter (creamy)
1 TL fein geriebener Ingwer (nach Belieben)
Pfeffer
1 TL Sambal oelek (indones. Chilisauce)
100 g Spitzkohl (ersatzweise Chinakohl)
Salz
50 g Zuckerschoten
1 kleine Möhre (ca. 50 g)
½ Mini-Gurke
1 EL geröstete, gesalzene Erdnüsse
½ EL Öl

Auch für Veganer 🌱

Für 1 Glas (ca. 600 ml) |
25 Min. Zubereitung
Pro Glas ca. 505 kcal,
20 g EW, 32 g F, 33 g KH

1 Die Reisnudeln nach Packungsanweisung mit kochendem Wasser übergießen und quellen lassen. Dann in ein Sieb abgießen, kalt abschrecken und abtropfen lassen. Tofu in ca. 1 cm große Würfel schneiden und mit 2 TL Sojasauce marinieren.

2 Die Limette heiß waschen, abtrocknen, die Schale fein abreiben und den Saft auspressen. Kokosmilch mit Limettenschale und -saft, Erdnussbutter, übriger Sojasauce und Ingwer nach Belieben verrühren. Mit Pfeffer und Sambal oelek würzen.

3 Den Kohl putzen, waschen und in feine Streifen schneiden oder hobeln. Mit ¼ TL Salz bestreuen und mit den Händen ca. 2 Min. kneten. Zuckerschoten waschen und schräg in feine Streifen schneiden. Die Möhre und die Gurke schälen und beides in dünne Streifen schneiden oder hobeln. Erdnüsse grob hacken.

4 Den Tofu aus der Marinade nehmen und trocken tupfen. Das Öl in einer kleinen Pfanne erhitzen und den Tofu darin bei mittlerer bis starker Hitze rundherum in 4 – 5 Min. goldbraun braten. Herausnehmen und auf Küchenpapier abtropfen lassen.

5 Zuerst das Dressing in das Glas gießen. Dann nacheinander Kohl, Zuckerschoten, Möhre und Gurke darüberschichten. Nudeln und Tofu daraufgeben. Mit den Erdnüssen bestreuen. Das Glas verschließen und (über Nacht) in den Kühlschrank stellen. Zum Essen den Salat auf einen Teller stürzen und vorsichtig mischen.

TIPP Die Kokosmilch im Dressing wird im Kühlschrank schnell fest. Deshalb den Salat bereits ca. 30 Min. vor dem Essen herausnehmen und Zimmertemperatur annehmen lassen.

SALATE MIT FISCH UND FLEISCH

Maximaler Geschmack im Kleinstformat: In Gläser verpackt, sorgen feine
Roastbeef-Scheiben, Hähnchen, Matjes, Flusskrebse & Co. mit frischem Gemüse
und fein abgestimmten Würzsaucen für pures Pausenglück
und appetitlichen Durchblick.

NIZZA-SALAT MIT THUNFISCH

Ab in den Süden! Der dekorative Schichtsalat zaubert mediterranes Bistro-Flair ins Büro – mit buntem Gemüse, Salat, Kartoffeln, Thunfisch und Ei in einer würzigen Vinaigrette.

1 Ei
2 kleine gegarte Pellkartoffeln vom Vortag (ca. 100 g)
1 kleine rote Spitzpaprikaschote
1 kleine Schalotte
2 Artischockenherzen (aus der Dose)
1 Dose Thunfisch (im eigenen Saft, ca. 60 g Abtropfgewicht)
50 g Kirschtomaten
4 schwarze Oliven (ohne Stein)
2 Blätter Kopfsalat (ca. 50 g)
4 Blätter Basilikum
1 EL Rotweinessig
Salz | Pfeffer
2 EL Olivenöl
1 Sardellenfilet (in Salzlake, aus dem Glas)

Sommerleichter Klassiker

Für 1 Glas (ca. 600 ml) |
20 Min. Zubereitung
Pro Glas ca. 485 kcal,
27 g EW, 31 g F, 21 g KH

1 Das Ei in ca. 8 Min. fast hart kochen, kalt abschrecken und abkühlen lassen. Dann pellen und quer in Scheiben schneiden.

2 Inzwischen die Kartoffeln pellen und in ca. ½ cm dicke Scheiben schneiden. Die Paprika halbieren und entkernen, waschen und in feine Streifen schneiden. Schalotte abziehen und in feine Streifen schneiden. Artischockenherzen abtropfen lassen und vierteln. Thunfisch abtropfen lassen und mit einer Gabel grob zerpflücken. Tomaten waschen und vierteln. Oliven abtropfen lassen und vierteln. Salatblätter und Basilikum putzen und waschen, trocken schütteln und in mundgerechte Stücke zupfen.

3 Für die Vinaigrette Essig und 2 EL Wasser mit Salz und Pfeffer gründlich verrühren. Das Öl unterschlagen. Das Sardellenfilet kurz waschen, trocken tupfen, fein würfeln und dazugeben.

4 Zuerst die Vinaigrette in das Glas gießen. Dann nacheinander Kartoffeln, Paprika, Schalotte und Artischocken darüberschichten. Darauf Thunfisch, Tomaten und Ei geben. Mit den Oliven bestreuen und mit Salat und Basilikum abschließen. Das Glas verschließen und (über Nacht) in den Kühlschrank stellen. Zum Essen den Salat auf einen Teller stürzen und gut mischen.

TIPP

Haben Sie keine Kartoffeln übrig? Dann essen Sie stattdessen frisches Baguette dazu. Oder Sie kochen schnell welche: Dafür 2 kleine festkochende Kartoffeln (ca. 100 g) schälen, in ca. ½ cm dicke Scheiben schneiden und in kochendem Salzwasser in ca. 5 Min. bissfest garen. In ein Sieb abgießen, abkühlen lassen und mit den übrigen Zutaten einschichten.

MATJESSALAT MIT ROTER BETE

80 g gegarte Rote Bete (vakuumverpackt) |
2 EL Silberzwiebeln (aus dem Glas) | 1 Matjes-
filet (ca. 80 g) | ½ kleiner säuerlicher Apfel
(ca. 50 g, z. B. Elstar) | 1 EL Zitronensaft | ½ Avo-
cado | 50 g Feldsalat | 2 EL Weißweinessig |
Salz | Pfeffer | ½ TL Zucker | 2 EL Rapskernöl |
1 ½ EL Crème fraîche | 1 TL Meerrettich (aus
dem Glas)

Süß-säuerlicher Gusto

Für 1 Glas (ca. 600 ml) | 15 Min. Zubereitung
Pro Glas ca. 740 kcal, 17 g EW, 67 g F, 15 g KH

1 Rote Bete halbieren und in ca. ½ cm dicke
Scheiben schneiden. Die Silberzwiebeln abtropfen
lassen. Matjesfilet in ca. ½ cm breite Streifen
schneiden. Apfel waschen, nochmals halbieren
und entkernen. Die Viertel quer in dünne Scheiben
schneiden und mit ½ EL Zitronensaft beträufeln.

2 Avocado entkernen, das Fruchtfleisch mit einem Löffel herauslösen und ca. 1 cm groß würfeln,
sofort mit dem übrigen Zitronensaft beträufeln.
Feldsalat putzen, waschen und trocken schütteln.

3 Für die Vinaigrette Essig, 2 EL Wasser, Salz,
Pfeffer und Zucker verrühren. Das Öl unterschlagen. Crème fraîche mit Meerrettich verrühren.

4 Zuerst die Vinaigrette in das Glas gießen und
die Rote Bete daraufgeben. Dann nacheinander Silberzwiebeln, Matjes, Meerrettichcreme, Apfel und
Avocado darüberschichten. Mit dem Feldsalat abschließen. Das Glas verschließen und (über Nacht)
in den Kühlschrank stellen. Zum Essen den Salat
auf einen Teller stürzen und gut mischen. Dazu
schmeckt Pumpernickel oder Vollkornbrot.

KOHLRABI-FLUSSKREBS-COCKTAIL

1 EL Pinienkerne | ½ Kohlrabi (ca. 150 g) |
1 EL Rapskernöl | Salz | 75 g TK-Erbsen | 80 g ge-
gartes Flusskrebsfleisch (aus dem Kühlregal,
ersatzweise Garnelen) | 50 g Babyspinat |
1 Handvoll Kerbel | 1 EL Schmand | 3 EL Apfel-
essig | 4 EL Hühnerfond (aus dem Glas, ersatz-
weise Gemüsebrühe) | Pfeffer | ½ TL Zucker

Macht was her

Für 1 Glas (ca. 600 ml) | 20 Min. Zubereitung
Pro Glas ca. 365 kcal, 22 g EW, 21 g F, 20 g KH

1 Die Pinienkerne in einer Pfanne ohne Fett leicht
rösten. Vom Herd nehmen und abkühlen lassen.

2 Inzwischen Kohlrabi putzen, schälen und fein
würfeln. Das Öl in der Pfanne erhitzen, den Kohlrabi darin bei mittlerer Hitze ca. 2 Min. dünsten,
salzen und zugedeckt noch ca. 5 Min. garen.

3 Die Erbsen mit kochendem Wasser überbrühen,
ca. 3 Min. ziehen lassen, dann in ein Sieb abgießen
und abtropfen lassen. Krebsfleisch in einem Sieb
abbrausen und abtropfen lassen. Spinat putzen,
waschen und trocken schütteln. Kerbel waschen,
trocken schütteln, Blätter abzupfen und schneiden,
zwei Drittel davon mit Schmand verrühren.

4 Essig und Fond verrühren, mit Salz, Pfeffer und
Zucker würzen. Zuerst die Vinaigrette in das Glas
gießen und den Kohlrabi daraufgeben. Dann nacheinander Erbsen, Kerbelschmand, Flusskrebs und
Spinat darüberschichten. Mit dem übrigen Kerbel
und Pinienkernen bestreuen. Das Glas verschließen und (über Nacht) in den Kühlschrank stellen.
Zum Essen den Salat auf einen Teller stürzen und
gut mischen. Dazu schmeckt Baguette.

THAI-SALAT MIT MANGO UND ROASTBEEF

Die schönste Pausenidee für alle Thailand-Fans: Glasnudeln und Mango mit Paprika- und Möhrenstreifen in einer Sauce, die mit Limette und Chili frisch-scharf abgeschmeckt ist.

30 g feine Glasnudeln
½ rote Chilischote
2 EL Limettensaft
1 EL Fischsauce
2 TL Sojasauce
2 TL brauner Zucker
1 EL Erdnussöl
1 kleine rote Spitzpaprikaschote
1 kleine Möhre (ca. 50 g)
100 g nicht zu reife Mango
75 g Roastbeef-Aufschnitt
½ Mini-Romanasalat (ca. 50 g)
4 Stiele Koriandergrün
20 g geröstete, gesalzene Cashewkerne

Thailändisch inspiriert

Für 1 Glas (ca. 600 ml) |
20 Min. Zubereitung
Pro Glas ca. 580 kcal,
25 g EW, 18 g F, 63 g KH

1 Die Glasnudeln in einer Schüssel mit kochendem Wasser übergießen und nach Packungsanweisung 5 – 10 Min. quellen lassen (Bild 1). Dann in ein Sieb abgießen, kalt abschrecken und abtropfen lassen. Anschließend die Nudeln in eine Schüssel geben und mit einer Küchenschere kleiner schneiden.

2 Inzwischen für die Vinaigrette die Chilischote längs halbieren und entkernen, waschen und in feine Würfel schneiden. Chili mit Limettensaft, Fischsauce, Sojasauce und braunem Zucker verrühren, dann das Öl unterschlagen (Bild 2).

3 Die Spitzpaprika halbieren und entkernen, waschen und in feine Streifen schneiden. Möhre schälen und ebenfalls in feine Streifen schneiden. Die Mango schälen und in dünne Scheiben schneiden (Bild 3). Roastbeef in ca. 1 cm breite Streifen schneiden. Salat putzen und waschen, trocken schleudern und mundgerecht zerpflücken. Koriandergrün waschen, trocken schütteln und Blätter abzupfen. Die Cashewkerne grob hacken.

4 Zuerst die Vinaigrette in das Glas gießen. Dann nacheinander Paprika, Möhre, Mango, Glasnudeln und Roastbeef darüberschichten. Den Salat daraufgeben, mit Koriander und Cashewkernen bestreuen. Das Glas verschließen und (über Nacht) in den Kühlschrank stellen. Zum Essen den Salat auf einen Teller stürzen und nochmals gut mischen.

TIPP Auch fein: Gegarte Garnelen (aus dem Kühlregal) statt der Roastbeef-Streifen verleihen dieser fernöstlichen Komposition eine dezent würzige Meeresnote.

WURSTSALAT MIT RADIESCHEN

80 g Regensburger (am Stück, ersatzweise Lyoner) | 100 g Rettich | 4–5 kleine Radieschen | 3 Cornichons | ¼ Bund Schnittlauch | 3 Stiele Petersilie | 1 EL Zitronensaft | 1½ EL Weißweinessig | 1 TL Senf | ½ TL flüssiger Honig | Salz | Pfeffer | 2 EL Traubenkernöl | 30 g geraspelter Schweizer Emmentaler

Brotzeitklassiker

Für 1 Glas (ca. 600 ml) | 15 Min. Zubereitung
Pro Glas ca. 655 kcal, 22 g EW, 55 g F, 15 g KH

1 Wurst häuten und in dünne Scheiben schneiden. Rettich putzen, schälen und in dünne Scheiben hobeln. Radieschen putzen, waschen und mit den Cornichons in Scheiben schneiden. Schnittlauch waschen, trocken schütteln und in feine Röllchen schneiden. Petersilie waschen und trocken schütteln, Blätter abzupfen und fein schneiden.

2 Für die Vinaigrette Zitronensaft, Essig, Senf, Honig, Salz und Pfeffer verrühren und das Öl unterschlagen. Die Vinaigrette in das Glas gießen.

3 Zuerst die Wurstscheiben in das Glas legen, dann nacheinander Rettich, Radieschen und Cornichons darüberschichten. Mit Kräutern und Käse bestreuen. Das Glas verschließen und (über Nacht) in den Kühlschrank stellen. Zum Essen den Salat auf einen Teller stürzen und gut mischen. Dazu schmeckt eine Laugenbrezel oder Bauernbrot.

TIPP

Überraschungspause für einen lieben Kollegen: Verdoppeln Sie einfach die Mengen und genießen Sie den knackigen Wurstsalat in der Mittagspause zu zweit. Da kommt Freude auf!

ROH MARINIERTER FENCHELSALAT MIT SALAMI

1 Schalotte | ½ EL Weißweinessig | 1 EL Zitro-
nensaft | Salz | Pfeffer | ½ TL flüssiger Honig |
2 EL Olivenöl | ¼ TL Fenchelsamen | ½ Fenchel
(ca. 130 g) | 20 g getrocknete, in Öl eingelegte
Tomaten (aus dem Glas) | 40 g ital. Salami
(in Scheiben) | ½ Birne | 50 g Radicchio |
25 g geriebener Pecorino (ersatzweise geriebener Parmesan)

Für italophile Gelüste

Für 1 Glas (ca. 600 ml) | 20 Min. Zubereitung
Pro Glas ca. 525 kcal, 15 g EW, 43 g F, 19 g KH

1 Für die Vinaigrette die Schalotte abziehen, fein
würfeln und mit Essig, Zitronensaft, 2 EL Wasser,
Salz, Pfeffer, Honig und Öl verrühren. Die Fenchel-
samen im Mörser grob zerdrücken und unter die
Vinaigrette mischen. Den Fenchel putzen und
waschen, das Fenchelgrün abschneiden und grob

schneiden. Den Strunk keilfömig herausschneiden,
dann den Fenchel halbieren und in hauchdünne
Streifen schneiden oder hobeln.

2 Die Tomaten abtropfen lassen und klein würfeln. Die Salami in feine Streifen schneiden. Die
Birne waschen und halbieren, entkernen und quer
in dünne Scheiben schneiden. Den Radicchio putzen und waschen, trocken schleudern und in
ca. 1 cm breite Streifen schneiden.

3 Zuerst die Vinaigrette in das Glas gießen und
die Fenchelstreifen daraufgeben. Dann nacheinander Tomaten, Salami, Birne und Radicchio darüberschichten. Pecorino mit dem Fenchelgrün daraufstreuen. Das Glas verschließen und (über Nacht) in
den Kühlschrank stellen. Zum Essen den Salat auf
einen Teller stürzen und gut mischen. Dazu passt
Walnussbrot oder Ciabatta.

TÜRKISCHER BULGUR-HACK-SALAT

100 ml Gemüsebrühe | 50 g Bulgur | 100 g mageres Rinderhackfleisch | 2 EL Olivenöl | Salz | Pfeffer | ½ TL Pul biber (Chiliflocken) | 1 Mini-Gurke | 1 orange Snack-Paprikaschote | 1 Tomate | 1 Frühlingszwiebel | 3 Stiele Petersilie | 2 EL Zitronensaft | 1 TL flüssiger Honig | 25 g Schafskäse (Feta)

Erfrischend und sättigend

Für 1 Glas (ca. 600 ml) | 20 Min. Zubereitung
Pro Glas ca. 725 kcal, 36 g EW, 40 g F, 50 g KH

1 Die Brühe in einem Topf aufkochen und den Bulgur einrühren. Vom Herd nehmen und zugedeckt bei schwacher Hitze ca. 10 Min. quellen lassen. Inzwischen das Hackfleisch in ½ EL Öl in einer Pfanne bei mittlerer Hitze unter Wenden in ca. 5 Min. braun und krümelig braten. Mit Salz, Pfeffer und Pul biber würzen. Vom Herd nehmen.

2 Währenddessen die Gurke waschen, längs halbieren und die Kerne mit einem Teelöffel entfernen. Paprika halbieren, entkernen und waschen. Dann Paprika und Gurke getrennt klein würfeln. Tomate waschen und klein würfeln, dabei den Stielansatz entfernen. Die Frühlingszwiebel putzen, waschen und in feine Ringe schneiden. Die Petersilie waschen und trocken schütteln, Blätter abzupfen und fein schneiden.

3 Zitronensaft, Salz, Pfeffer, Honig und das übrige Öl zu einer Vinaigrette verrühren und in das Glas gießen. Den Bulgur daraufgeben und nacheinander Gurke, Paprika, Tomate, Frühlingszwiebel und Hackfleisch darüberschichten. Feta klein würfeln und darauflegen. Mit Petersilie bestreuen. Das Glas verschließen und (über Nacht) in den Kühlschrank stellen. Zum Essen den Salat aus dem Glas auf einen Teller stürzen und gut mischen.

CURRYREISSALAT MIT HÄHNCHEN

40 g 10-Min.-Langkornreis | 2 TL Currypulver |
Salz | 1 Ananasscheibe mit 2 EL Ananas-
einlegesaft (aus der Dose) | 1 EL Zitronensaft |
1 TL flüssiger Honig | 1 ½ EL Erdnussöl | 1 rote
Spitzpaprikaschote | 1 Stange Staudensellerie |
75 g gebratene Hähnchenbrustfiletstreifen
(vom Vortag oder aus dem Kühlregal) | ½ Mini-
Romanasalat | 1 EL süßscharfe Chilisauce |
1 EL Röstzwiebeln (Fertigprodukt)

Fruchtig und exotisch

Für 1 Glas (ca. 600 ml) | 20 Min. Zubereitung
Pro Glas ca. 635 kcal, 26 g EW, 25 g F, 74 g KH

1 Den Reis mit 1 TL Currypulver in Salzwasser
nach Packungsanweisung garen. In ein Sieb abgießen, kalt abschrecken und gut abtropfen lassen.
Inzwischen Ananas abtropfen lassen und in kleine
Stücke schneiden. Ananas- und Zitronensaft mit
übrigem Currypulver und Honig verrühren, das Öl
unterschlagen. Paprika halbieren und entkernen,
waschen und klein würfeln. Sellerie putzen, waschen und in feine Scheiben schneiden. Hähnchen-
filet, falls nötig, in Streifen schneiden. Salat putzen
und waschen, trocken schütteln und zerpflücken.

2 Zuerst die Vinaigrette in das Glas gießen. Dann
nacheinander Paprika, Sellerie, Reis, Hähnchen,
Ananas und Salat darüberschichten. Chilisauce
und Röstzwiebeln daraufgeben. Das Glas verschließen, (über Nacht) in den Kühlschrank stellen.
Zum Essen den Salat auf einen Teller stürzen.

TIPP

Falls Sie noch gekochte Reisreste vom Vortag
haben, sind sie eine perfekte Grundlage für
diesen Salat. Am besten vor dem Einschichten
ins Glas kräftig mit Curry würzen.

MINUTEN-SUPPEN

Duftig und dampfend-heiß kommen die Suppen im Handumdrehen direkt
aus dem Glas auf den Teller – reich an köstlichem Gemüse, Fleisch oder Fisch.
Die Portionssuppen laden zum Schwelgen ein. Was kann es
in der Mittagspause Besseres geben?

MISO-SUPPE MIT TOFU UND SESAM

Leicht und vegan genießen: Reisnudeln, Gurke, Möhre und Tofu bringen mit japanischer Würzpaste, Chili- und Ingwerschärfe schnell Aroma und machen munter. Idealer Lunch!

30 g Reisnudeln
1 Mini-Gurke
1 kleine Möhre (ca. 50 g)
2 Frühlingszwiebeln
50 g Tofu
1 Stück Ingwer (ca. 1½ cm)
½ rote Chilischote
1 EL weiße Miso-Paste
(Shiro-Miso, siehe Tipp)
1½ TL gekörnte Gemüsebrühe
½ TL geröstetes Sesamöl
2 TL Sesamsamen
3 Stiele Koriandergrün

Typisch japanisch 🌿

Für 1 Glas (ca. 600 ml) |
20 Min. Zubereitung
Pro Glas ca. 330 kcal,
14 g EW, 13 g F, 39 g KH

1 Reisnudeln mit kochendem Wasser übergießen und 5 – 10 Min. quellen lassen. Dann in ein Sieb abgießen, kalt abschrecken und abtropfen lassen. Die Gurke und die Möhre schälen und beides in ca. 3 cm lange, feine Stifte schneiden. Die Frühlingszwiebeln putzen, waschen und in feine Ringe schneiden. Tofu 1 – 2 cm groß würfeln. Ingwer schälen und in feine Stifte schneiden. Die Chili waschen und mit Kernen in feine Ringe schneiden.

2 Zuerst die Reisnudeln in das Glas geben. Dann nacheinander Gurke, Möhre, Frühlingszwiebeln und Tofu darüberschichten, mit Ingwer und Chili bestreuen. Miso-Paste mit 2 EL Wasser glatt rühren und dazugießen. Das Ganze mit Brühpulver bestreuen und mit Öl beträufeln. Das Glas verschließen und (über Nacht) in den Kühlschrank stellen. Sesam in einer Pfanne ohne Fett goldbraun rösten. Vom Herd nehmen, abkühlen lassen und in eine kleine Dose extra packen. Koriandergrün waschen, trocken schütteln und in einen Frischhaltebeutel verpackt ebenfalls kühl stellen.

3 Zum Essen ¼ l Wasser aufkochen. Das Glas öffnen und die Suppenzutaten mit dem kochenden Wasser übergießen. Das Glas verschließen und alles ca. 5 Min. ziehen lassen, dabei das Glas kräftig schwenken. Die Suppe in einem tiefen Teller anrichten und mit Sesam und Koriandergrün bestreuen.

TIPP   Miso-Pasten gehören zu den Basics der japanischen Küche. Aus fermentierten Sojabohnen hergestellt, oft mit Reis oder Gerste gemischt, sind sie sehr nahrhaft und würzig. Wichtig: vorsichtig dosieren – je dunkler die Paste, desto kräftiger ihr Aroma (im Asia-, Bioladen oder Reformhaus erhältlich).

SÜSSSAUER-SUPPE MIT SCHINKEN UND PAK CHOI

Nach Art der Chinesen: Knackiges Gemüse, Kochschinken und Eiernudeln ziehen in einem aromatischen Sojasud mit Reisessig und süß-scharfer Chilisauce auf den Punkt gar.

1 rote Snack-Paprikaschote
1 Baby-Pak-Choi (ca. 50 g)
1 Frühlingszwiebel
40 g Kochschinken
30 g Instant-Mie-Eiernudeln
1 EL Reiswein
1 EL heller Reisessig (ersatzweise Obstessig)
1 EL helle Sojasauce
1 EL süß-scharfe Chilisauce
2 TL brauner Zucker
1½ TL gekörnte Hühnerbrühe

Gruß aus der Chinaküche

Für 1 Glas (ca. 600 ml) |
20 Min. Zubereitung
Pro Glas ca. 290 kcal,
16 g EW, 3 g F, 46 g KH

1 Die Paprika halbieren und entkernen, waschen und in feine Streifen schneiden. Pak Choi putzen, waschen und samt Strunk längs vierteln. Die Viertel in ca. 1 cm breite Streifen schneiden. Die Frühlingszwiebel putzen, waschen und den weißen Teil in feine Ringe, den hellgrünen in ca. 3 cm lange, dünne Streifen schneiden. Die Schinkenscheiben in feine Streifen schneiden.

2 Eiernudeln mit kochendem Wasser übergießen und 3–4 Min. ziehen lassen. Dann in ein Sieb abgießen und abtropfen lassen. Inzwischen Reiswein, Essig, Sojasauce, Chilisauce, braunen Zucker und Brühpulver gründlich verrühren.

3 Zuerst die Nudeln in das Glas geben. Dann nacheinander Paprika, Pak Choi und Frühlingszwiebel darüberschichten. Mit Schinken bestreuen und die Würzsauce darübergießen. Das Glas verschließen und (über Nacht) in den Kühlschrank stellen.

4 Zum Essen ¼ l Wasser aufkochen. Das Glas öffnen und die Suppenzutaten mit dem kochenden Wasser übergießen. Das Glas verschließen und alles ca. 5 Min. ziehen lassen, dabei das Glas kräftig schwenken. Die Suppe in einem tiefen Teller anrichten. Dazu passt Stangenweißbrot oder Baguette.

TIPP Wer mag, kann die Suppe noch mit etwas Shiso-Kresse garnieren. Diese rot- oder grünblättrige Kresse aus Asien passt mit ihrer Schärfe und der leichten Anis-Lakritz-Note vorzüglich zur scharfen Süßsauer-Suppe. Shiso-Kresse möglichst nie mitkochen und nur sparsam verwenden, denn sie schmeckt sehr intensiv.

LINSENSUPPE MIT WÜRSTCHEN

1 Schalotte | 1 kleine Möhre (ca. 50 g) |
40 g Lauch | 1 EL Öl | Salz | 1 Wiener Würstchen |
100 g braune Linsen (aus der Dose) | 2 Stiele
Petersilie | 1 EL Weißweinessig | Pfeffer | 1 TL ge-
körnte Hühnerbrühe

Herzhaft und ganz einfach

Für 1 Glas (ca. 600 ml) | 20 Min. Zubereitung
Pro Glas ca. 320 kcal, 12 g EW, 22 g F, 17 g KH

1   Die Schalotte abziehen und in feine Würfel
schneiden. Die Möhre schälen, den Lauch putzen,
längs halbieren und gründlich waschen. Beides in
ca. ½ cm große Würfel schneiden. Das Öl in einer
Pfanne erhitzen und Schalotte und Gemüse darin
bei mittlerer Hitze ca. 5 Min. andünsten. Alles vom
Herd nehmen und salzen. Das Würstchen in dünne
Scheiben schneiden. Die Linsen in ein Sieb abgießen, kalt abbrausen und gut abtropfen lassen.

Die Petersilie waschen und trocken schütteln, die
Blätter abzupfen und fein schneiden.

2   Zuerst das Gemüse in das Glas füllen. Dann
nacheinander Würstchen und Linsen darüberschichten. Mit Essig beträufeln, salzen und pfef-
fern, mit Brühe und Petersilie bestreuen. Glas verschließen, (über Nacht) in den Kühlschrank stellen.

3   Zum Essen die Zutaten mit ¼ l kochendem
Wasser übergießen. Verschlossen ca. 5 Min. ziehen
lassen, dann die Suppe in einem tiefen Teller anrichten. Dazu schmeckt Vollkornbaguette.

TIPP

Senf passt sowohl zu den Linsen als auch zum
Wurzelgemüse. Wer mag, kann deshalb zum
Essen noch 1–2 TL mittelscharfen Senf in die
heiße Suppe rühren.

TOMATENSUPPE MIT BROKKOLI

75 g Brokkoli | Salz | 50 g gelbe Paprikaschote | 100 g weiße Bohnen (aus der Dose) | 2 EL stückige Tomaten (aus der Dose) | 2 TL Tomatenmark | Pfeffer | ½ TL getrocknete ital. Kräuter | 1 kleine Knoblauchzehe | 30 g Rohschinkenwürfel | 1 TL gekörnte Gemüsebrühe | 1–2 Stiele Basilikum | 1–2 EL geriebener Parmesan (ersatzweise Grana Padano)

Italien lässt grüßen

Für 1 Glas (ca. 600 ml) | 20 Min. Zubereitung
Pro Glas ca. 185 kcal, 18 g EW, 6 g F, 14 g KH

1 Den Brokkoli putzen, waschen und in Röschen teilen. In kochendem Salzwasser bei mittlerer Hitze ca. 2 Min. garen. In ein Sieb abgießen, kalt abschrecken und abtropfen lassen. Paprika entkernen, waschen und klein würfeln. Bohnen in ein Sieb abgießen, kalt abbrausen und abtropfen lassen. Die Tomaten mit Tomatenmark, Salz, Pfeffer und Kräutern verrühren. Den Knoblauch schälen, fein hacken und untermischen.

2 Zuerst die Tomatenmischung in das Glas gießen. Dann nacheinander Paprika, Brokkoli und Bohnen darüberschichten. Mit Schinken bestreuen und mit Salz, Pfeffer und Brühpulver würzen. Das Glas verschließen und (über Nacht) in den Kühlschrank stellen. Das Basilikum waschen, trocken schütteln und in einen Frischhaltebeutel extra packen. Den Parmesan in eine kleine Dose geben. Beides ebenfalls kühl stellen.

3 Zum Essen die Zutaten im Glas mit ¼ l kochendem Wasser übergießen. Verschlossen ca. 5 Min. ziehen lassen, dabei kräftig schwenken. Suppe in einem tiefen Teller anrichten, mit Käse bestreuen und mit Basilikum bestreuen. Dazu passt Ciabatta.

GEMÜSESUPPE MIT RINDERFILET UND GNOCCHI

Kochendes Wasser darübergießen, kurz ziehen lassen, umrühren, mmh! Klare Sache, die Bouillon mit viel Gemüse, Filetstreifen und Gnocchi könnte die neue Lieblingssuppe werden.

30 g Staudensellerie
1 kleine Möhre (ca. 50 g)
80 g Rinderfilet
2 Stiele Thymian
¼ Bund Schnittlauch
80 g Gnocchi
(aus dem Kühlregal)
1 TL gekörnte Fleischbrühe
Salz | Pfeffer
frisch geriebene Muskatnuss

Klassiker mit edlem Touch

Für 1 Glas (ca. 600 ml) |
20 Min. Zubereitung
Pro Glas ca. 240 kcal,
21 g EW, 3 g F, 31 g KH

1 Für die Suppeneinlage Sellerie putzen und waschen, Möhre schälen. Beide Gemüse getrennt in sehr feine, 2 – 3 cm lange Streifen schneiden. Das Rinderfilet in hauchdünne Streifen schneiden. Den Thymian waschen und trocken schütteln, die Blätter abzupfen und fein schneiden. Den Schnittlauch waschen, trocken schütteln und in feine Röllchen schneiden. Die Gnocchi quer in dünne Scheiben schneiden.

2 Nacheinander Sellerie und Möhre in das Glas füllen. Darüber zuerst die Fleischstreifen, dann die Gnocchi schichten. Mit Brühpulver bestreuen und mit wenig Salz, Pfeffer und Muskat würzen. Zuletzt die Kräuter daraufstreuen. Das Glas verschließen und (über Nacht) in den Kühlschrank stellen.

3 Zum Essen ¼ l Wasser aufkochen. Das Glas öffnen und die Suppenzutaten mit sprudelnd kochendem Wasser übergießen. Das Glas verschließen und die Suppe ca. 5 Min. ziehen lassen, dabei das Glas kräftig schwenken. Die Gemüsesuppe in einem tiefen Teller anrichten. Dazu passt ein Roggenbrötchen.

TIPP   Lust auf Abwechslung? Sie haben die Wahl: Anstelle der Gnocchi sind Ravioli (z. B. mit Ricotta- oder Spinat-Käse-Füllung, aus dem Kühlregal) oder Express-Langkornreis (aus dem Folienbeutel) gute Alternativen für die sättigende Einlage. Wer keine Kühlmöglichkeit hat, ersetzt das rohe Rindfleisch am besten durch die gleiche Menge Roastbeef- oder Pastrami-Aufschnitt.

POLENTA-CHAMPIGNON-SUPPE

1 Schalotte | 1 EL Olivenöl | 25 g Bacon-Würfel |
70 g TK-Suppengrün | 2 geh. EL vorgegarte Mi-
nuten-Polenta (ca. 30 g) | 1–2 TL gekörnte Ge-
müsebrühe | Salz | Pfeffer | frisch geriebene
Muskatnuss | 50 g kleine Champignons |
2 TL Zitronensaft | 3 Stiele Petersilie | 2 Stiele
Thymian | 2 EL geriebener Parmesan

Leicht und kräuterwürzig

Für 1 Glas (ca. 600 ml) | 20 Min. Zubereitung
Pro Glas ca. 320 kcal, 12 g EW, 21 g F, 21 g KH

1 Die Schalotte abziehen und fein würfeln. Das Öl
in einem kleinen Topf erhitzen und Bacon-Würfel,
Schalotte und TK-Suppengrün darin bei mittlerer
Hitze ca. 5 Min. dünsten. Die Polenta mit Brühpulver, Salz, Pfeffer und Muskat würzen. Die Champignons putzen, bei Bedarf trocken abreiben und in
dünne Scheiben schneiden. Sofort mit Zitronensaft

beträufeln, damit sie sich nicht verfärben. Die
Kräuter waschen und trocken schütteln, die Blätter
abzupfen und fein schneiden.

2 Suppengrün-Mix in das Glas füllen, nacheinander Polentamischung und Pilze darüberschichten,
mit Käse und Kräutern bestreuen. Glas verschließen und (über Nacht) in den Kühlschrank stellen.

3 Zum Essen Zutaten im Glas mit 300 ml kochendem Wasser übergießen. Die Suppe verschlossen
ca. 5 Min. ziehen lassen, dabei das Glas kräftig
schwenken. Die Suppe in einem tiefen Teller anrichten. Dazu passt ein Vollkornbrötchen.

TIPP

Am besten Schnellkoch- oder Minuten-Polenta
verwenden. Die ist vorgegart und nach dem
Überbrühen in 2–3 Min. gar.

SPITZKOHLSUPPE MIT LACHS

80 g Spitzkohl | 1 kleine Pellkartoffel (ca. 50 g) | 80 g Stremellachs | 2 Stiele Dill | 1 kleine Schalotte | 1 Knoblauchzehe | 3 EL Sahne | Salz | Pfeffer | ¼ l Hühnerfond

Cremig-feiner Genuss

Für 1 Glas (ca. 600 ml) | 20 Min. Zubereitung
Pro Glas ca. 390 kcal, 22 g EW, 27 g F, 13 g KH

1 Den Spitzkohl putzen, dabei die äußeren Blätter entfernen, den Kohl halbieren und den Strunk entfernen. Die Spitzkohlblätter in ca. ½ cm breite Streifen schneiden. Die Kartoffel pellen und ca. 1 cm groß würfeln. Den Lachs häuten und in grobe Stücke teilen. Dill waschen und trocken schütteln, Blätter abzupfen und fein schneiden.

2 Schalotte und Knoblauch schälen und in feine Würfel schneiden. Beides mit Sahne, Salz und Pfeffer verrühren und in das Glas füllen. Zuerst die Kohlstreifen hineingeben, darüber Kartoffel und Lachs schichten. Zuletzt Dill daraufstreuen. Das Glas verschließen und (über Nacht) kühl stellen.

3 Den Fond extra mitnehmen und zum Essen aufkochen. Das Glas öffnen und die Zutaten mit dem kochenden Fond übergießen. Die Suppe verschlossen ca. 5 Min. ziehen lassen, dabei das Glas kräftig schwenken. Die Suppe in einem tiefen Teller anrichten. Dazu passt Vollkornbrötchen.

TIPP

Keine Kochgelegenheit im Büro? Dann nehmen Sie statt Hühnerfond einfach 2 TL gekörnte Hühnerbrühe und streuen diese über die Suppenzutaten ins Glas. Zum Essen ¼ l Wasser im Wasserkocher sprudelnd aufkochen, darübergießen und die Suppe ziehen lassen.

KOKOS–REISSUPPE MIT GARNELEN

Curryscharf, superaromatisch und wunderbar belebend: thailändisches Löffelglück mit duftendem Basmati, Garnelen, würzigen Shiitake-Pilzen und knackigen Erbsen.

50 g TK-Erbsen
40 g Shiitake-Pilze (ersatzweise braune Champignons)
50 g gegarte Garnelen
1 kleine Schalotte
1 Stück Ingwer (ca. 1 cm)
50 g Kokosmilch
(aus der Dose)
½ – 1 TL rote Thai-Currypaste
1 TL Limettensaft
2 TL Fischsauce
1 – 2 TL gekörnte Hühnerbrühe
Salz | Pfeffer
3 EL Express-Basmatireis
(aus dem Beutel,
siehe Tipp)
3 Stiele Koriandergrün

Urlaubstraum

Für 1 Glas (ca. 600 ml) |
20 Min. Zubereitung
Pro Glas ca. 280 kcal,
19 g EW, 10 g F, 26 g KH

1 Die Erbsen mit kochendem Wasser überbrühen und ca. 3 Min. ziehen lassen. Dann in ein Sieb abgießen und abtropfen lassen.

2 Die Stiele von den Pilzen entfernen, die Pilzkappen putzen, Pilze bei Bedarf abreiben und in Scheiben schneiden. Die Garnelen kalt waschen und trocken tupfen. Schalotte abziehen und fein würfeln. Ingwer schälen und sehr klein würfeln. Kokosmilch mit Currypaste, Limettensaft, Fischsauce und Brühpulver verrühren. Schalotte und Ingwer untermischen.

3 Die Kokosmilchmischung mit wenig Salz und mit Pfeffer würzen und in das Glas gießen. Nacheinander die Pilze, Erbsen, Garnelen und den Reis darüberschichten. Das Glas verschließen und (über Nacht) in den Kühlschrank stellen. Das Koriandergrün waschen, trocken schütteln und in einen Frischhaltebeutel extra packen, ebenfalls kühl aufbewahren.

4 Zum Essen ¼ l Wasser aufkochen. Das Glas öffnen und die Suppenzutaten mit dem sprudelnd kochenden Wasser übergießen. Das Glas verschließen und die Suppe ca. 5 Min. ziehen lassen, dabei das Glas kräftig schwenken. Inzwischen die Blätter vom Koriandergrün abzupfen. Die Suppe in einem tiefen Teller anrichten und mit dem Koriander bestreuen. Wer will, isst dazu noch ein Vollkornbrötchen oder ein Stück Vollkornbaguette.

TIPP Den Express-Reis wie auf der Packung angegeben immer erst im Beutel gründlich durchkneten, damit er in der Suppe schön locker wird. Die Suppe schmeckt übrigens auch mit klein geschnittenem Grillhähnchenfleisch oder Putenbraten anstelle der Garnelen sehr gut. Vegetarier fügen stattdessen einfach in kleine Würfel geschnittenen Tofu hinzu, zum Beispiel in der Geschmacksrichtung »Curry-Mango«.

MÜSLI, PORRIDGE & CO.

Süß und pikant, leicht und doch sättigend: Kernige Flocken, Chia-Samen
und Bulgur sorgen hier für den perfekten Energieschub.
Mit frischen Früchten und Joghurt oder mit Gemüse, Kräutern und Dickmilch wird
aus dem Leistungstief am Mittag ganz schnell ein Hoch.

PFIRSICH-BLAUBEER-MÜSLI MIT BULGUR

Ideal für Vorbereiter, prima für die Pause: Bulgur quillt über Nacht in Orangensaft und gibt als Schichtmüsli Kraft für viele Stunden – herrlich mit Sommerfrüchten, Pistazien und Joghurt.

50 g Bulgur
125 ml frisch gepresster Orangensaft
2 TL getrocknete Cranberrys
1 Pfirsich
50 g Blaubeeren
2 TL Pistazienkerne
1 EL kernige Haferflocken
100 g Joghurt
1 TL flüssiger Honig
Zimtpulver
1 EL Pfirsichkonfitüre

Gesunde Power 🌿

Für 1 Glas (ca. 500 ml) |
10 Min. Zubereitung |
12 Std. (über Nacht) Einweichen
Pro Glas ca. 565 kcal,
15 g EW, 10 g F, 98 g KH

1 Am Vorabend den Bulgur in das Glas geben und mit dem Orangensaft übergießen. Das Glas verschließen und alles im Kühlschrank ca. 12 Std., am besten über Nacht, ziehen lassen.

2 Am nächsten Morgen Cranberrys grob hacken. Den Pfirsich waschen, vierteln und den Stein entfernen. Die Viertel in dünne Scheiben schneiden. Die Blaubeeren in einem Sieb abbrausen und abtropfen lassen. Die Pistazien grob hacken.

3 Das Glas öffnen und die Haferflocken über den Bulgur streuen. Dann mit den Cranberrys bestreuen, den Pfirsich darüberschichten und mit den Blaubeeren bestreuen. Den Joghurt mit Honig und 1 Prise Zimt verrühren und daraufgeben. Alles mit der Pfirsichkonfitüre toppen und zuletzt die Pistazien darüberstreuen. Das Glas verschließen, mitnehmen und kühl stellen. Zum Essen das Müsli in eine Schüssel stürzen und mischen.

VARIANTE PFIRSICH-BLAUBEER-MÜSLI MIT QUINOA

Am Vorabend 50 g Quinoa in einem Sieb heiß waschen, dann in einem Topf mit je 60 ml kochendem Wasser und Orangensaft bei schwacher Hitze unter gelegentlichem Rühren ca. 20 Min. quellen lassen. Über Nacht kühl stellen. Am nächsten Morgen die Körner mit den übrigen Zutaten wie beschrieben in das Glas schichten. Das Glas verschließen, mitnehmen und kühl stellen. Zum Essen das Müsli in eine Schüssel stürzen und mischen.

PORRIDGE MIT TRAUBEN UND PHYSALIS

50 g zarte Haferflocken | 200 ml Milch |
¼ TL gemahlene Vanille | 10 Haselnusskerne |
100 g blaue kernlose Weintrauben | 50 g Physalis | 3 EL Sahnejoghurt | 1–2 TL flüssiger
Honig | 10 g Zartbitterschokolade

Süßer Import aus England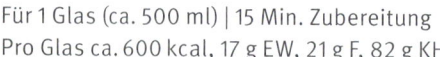

Für 1 Glas (ca. 500 ml) | 15 Min. Zubereitung
Pro Glas ca. 600 kcal, 17 g EW, 21 g F, 82 g KH

1 Die Haferflocken in das Glas geben. Die Milch in einen Topf gießen, mit der Vanille kurz aufkochen und unter Rühren bei schwacher Hitze 1–2 Min. köcheln lassen. Die kochende Vanillemilch über die Flocken im Glas gießen und umrühren. Das Glas verschließen und die Flocken ca. 5 Min. zu einem Brei quellen lassen. Inzwischen die Nüsse hacken und nach Belieben in einer Pfanne ohne Fett leicht rösten, abkühlen lassen.

2 Die Trauben waschen, von den Stielen zupfen und halbieren. Die Physalis aus der Papierhülle lösen, waschen und ebenfalls halbieren.

3 Zuerst die Trauben, dann die Physalis über den Porridge im Glas schichten. Joghurt daraufgeben, mit Honig beträufeln und mit Nüssen bestreuen. Schokolade hacken und zuletzt daraufstreuen.

4 Das Glas verschließen und (über Nacht) in den Kühlschrank stellen. Zum Essen den Porridge in eine Schüssel stürzen und mischen. Er schmeckt kalt oder warm. Wer mag, kann den Porridge noch kurz bei 180 Watt in der Mikrowelle aufwärmen.

TIPP

Falls Ihnen der Porridge zum Essen zu fest erscheint, können Sie nach Belieben noch bis zu 5 EL Milch unterrühren.

BUCHWEIZEN-BEEREN-PORRIDGE

2 getrocknete Soft-Aprikosen | 50 g Buchweizenflocken | 125 ml Milch | 125 g Kokosmilch (aus der Dose) | Salz | 2 TL Agavendicksaft | ¼ TL Zimtpulver | 1 EL Kokosraspel | 150 g gemischte Beeren (z. B. Him-, Blau- und Erdbeeren) | 1 Stiel Zitronenmelisse | 1 TL Zitronensaft

Mit feinem Kokos-Aroma

Für 1 Glas (ca. 500 ml) | 15 Min. Zubereitung
Pro Glas ca. 655 kcal, 14 g EW, 34 g F, 74 g KH

1 Die Aprikosen in feine Würfel schneiden, mit den Buchweizenflocken mischen und in das Glas geben. Die Milch und die Kokosmilch in einen kleinen Topf gießen und mit 1 Prise Salz würzen. Alles unter Rühren aufkochen und über die Zutaten im Glas gießen. Dann 1 TL Agavendicksaft und Zimt hinzufügen, alles kurz verrühren und zugedeckt ca. 5 Min. quellen lassen.

2 Inzwischen die Kokosraspel in einer beschichteten Pfanne ohne Fett goldbraun rösten. Vom Herd nehmen und abkühlen lassen. Die Beeren putzen, kurz waschen und trocken tupfen. Die Erdbeeren zusätzlich entkelchen und vierteln. Anschließend die Zitronenmelisse waschen, trocken tupfen und die Blätter abzupfen.

3 Die Beeren mischen, auf dem Buchweizenbrei verteilen und mit Zitronensaft und übrigem Agavendicksaft beträufeln. Kokosraspel und Zitronenmelisse darüberstreuen. Das Glas verschließen und (über Nacht) in den Kühlschrank stellen.

4 Zum Essen den Porridge aus dem Glas in eine Schüssel stürzen und mischen (alternativ vorher in der Mikrowelle kurz aufwärmen). Falls der Porridge zum Essen zu fest ist, können Sie nach Belieben noch bis zu 2–3 EL Milch unterrühren.

CHIA-KNUSPER-PUDDING MIT FRÜCHTEN

Einfach genial: In Mandeldrink quellen die vitalisierenden Chia-Körnchen zu einem Gel auf und geben mit Erdbeeren, Kiwi und Hafer-Crunchy als Supergesund-Mahlzeit ihr Bestes.

2 EL Chia-Samen (Reformhaus oder Bioladen, siehe Tipp)
150 ml Mandeldrink
1 EL gehackte Mandeln
100 g Erdbeeren
1 reife Kiwi
2 EL Hafer-Crunchy mit Nüssen
1 – 2 EL Ahornsirup
¼ TL Zimtpulver

Macht satt und glücklich 🌿

Für 1 Glas (ca. 500 ml) |
15 Min. Zubereitung |
12 Std. Einweichen
Pro Glas ca. 465 kcal,
12 g EW, 20 g F, 52 g KH

1 Die Chia-Samen in das Glas geben, den Mandeldrink darübergießen und alles gründlich verrühren (Bild 1). Das Glas verschließen und die Chia-Samen im Kühlschrank ca. 12 Std., am besten über Nacht, quellen lassen.

2 Am nächsten Tag die Mandeln in einer Pfanne ohne Fett goldbraun rösten. Vom Herd nehmen und abkühlen lassen. Die Erdbeeren waschen und trocken tupfen, entkelchen und je nach Größe halbieren oder vierteln. Die Kiwi schälen, der Länge nach halbieren und quer in dünne Scheiben schneiden (Bild 2).

3 Zuerst die Hafer-Crunchy, dann Erdbeeren und Kiwi auf das Chia-Gel schichten (Bild 3). Mit Ahornsirup beträufeln und mit Mandeln und Zimt bestreuen. Das Glas verschließen und (über Nacht) in den Kühlschrank stellen. Zum Essen den Pudding in eine Schüssel stürzen und mischen. Falls der Pudding zu fest ist, noch 4 – 5 EL Mandeldrink unterrühren.

TIPP Chia, die leinsamenähnlichen Samen einer mexikanischen Wüstenpflanze, sind echte Powerpäckchen. Sie strotzen vor Energie, sättigen lange und liefern gleichzeitig viel Eiweiß, Omega-3-Fettsäuren und jede Menge Ballaststoffe. In Flüssigkeit quellen sie zu einem puddingartigen Gel auf. Statt in Mandeldrink können Sie die Winzlinge auch in Milch, Sojadrink oder einfach in Wasser einweichen – am besten gleich eine größere Menge. Denn in einem gut schließenden Gefäß hält sich das Chia-Gel im Kühlschrank etwa 1 Woche. So spart man die Quellzeit über Nacht und kann den Chia-Knusper-Pudding noch am gleichen Morgen zubereiten.

MULTIKORN-GEMÜSE-MÜSLI

4 EL 5-Korn-Flockenmischung | 1 EL Aceto balsamico bianco | 2 TL Walnussöl | Salz | Pfeffer | 2 TL Sonnenblumenkerne | 1 kleine Möhre (ca. 50 g) | ½ Mini-Gurke (ca. 50 g) | 1 rote Snack-Paprikaschote (ca. 50 g) | 1 Handvoll Radieschen- oder Linsensprossen | 150 g Dickmilch | 1 EL Zitronensaft | ½ TL flüssiger Honig

Knackfrisch und kernig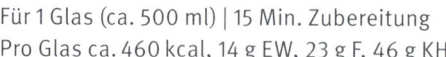

Für 1 Glas (ca. 500 ml) | 15 Min. Zubereitung
Pro Glas ca. 460 kcal, 14 g EW, 23 g F, 46 g KH

1 Die Flockenmischung in das Glas geben, mit Essig und Öl beträufeln und mit Salz und Pfeffer würzen. Die Mischung ca. 5 Min. quellen lassen. Währenddessen die Sonnenblumenkerne in einer beschichteten Pfanne ohne Fett bei mittlerer Hitze unter Rühren goldbraun rösten. Anschließend vom Herd nehmen und abkühlen lassen.

2 Die Möhre schälen und raspeln. Die Gurke waschen und klein würfeln. Die Paprika längs halbieren und entkernen, waschen und in kleine Würfel schneiden. Die Sprossen in einem Sieb kurz abbrausen und abtropfen lassen.

3 Nacheinander Möhre, Gurke und Paprika über die Flockenmischung in das Glas schichten. Mit Kernen und Sprossen bestreuen. Die Dickmilch mit Zitronensaft und Honig cremig rühren und daraufgießen. Das Glas verschließen und (über Nacht) in den Kühlschrank stellen. Zum Essen das Müsli in eine Schüssel stürzen und mischen.

TIPP

Zum Servieren können Sie das Gemüse-Müsli nach Belieben noch mit 1 EL frisch geschnittenen Kräutern wie Basilikum, Petersilie oder Schnittlauch bestreuen.

ROTE-BETE-TABOULÉ

50 g Instant-Couscous | 1 TL gekörnte Gemüse-
brühe | 50 g TK-Erbsen | 1 Frühlingszwiebel |
80 g gegarte Rote Bete (vakuumverpackt) |
3 Stiele Petersilie | 4 Blätter Minze | ½ Bio-
Zitrone | 1 EL Olivenöl | Salz | Pfeffer |
3 EL Sojajoghurt

Veganer Gruß aus dem Orient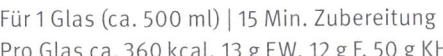

Für 1 Glas (ca. 500 ml) | 15 Min. Zubereitung
Pro Glas ca. 360 kcal, 13 g EW, 12 g F, 50 g KH

1 Den Couscous in das Glas geben und mit Brühpulver mischen. 100 ml Wasser aufkochen und darübergießen. Das Glas verschließen und den Couscous ca. 5 Min. quellen lassen.

2 Inzwischen die Erbsen mit kochendem Wasser
überbrühen und ca. 3 Min. ziehen lassen, dann in
ein Sieb abgießen und abtropfen lassen. Die Frühlingszwiebel putzen, waschen und weiße und hellgrüne Teile in feine Ringe schneiden. Rote Bete
klein würfeln. Die Kräuter waschen und trocken
schütteln, Blätter abzupfen und fein schneiden.

3 Die Zitrone heiß waschen und abtrocknen,
½ TL Schale fein abreiben und 1 EL Saft auspressen. Beides mit dem Öl unter den Couscous im
Glas mischen, mit Salz und Pfeffer würzen. Dann
nacheinander Frühlingszwiebel, Rote Bete und
Erbsen darüberschichten.

4 Den Sojajoghurt daraufgeben und alles mit den
Kräutern bestreuen. Das Glas verschließen und
(über Nacht) in den Kühlschrank stellen. Zum
Essen das Taboulé aus dem Glas in eine Schüssel
stürzen und mischen.

REGISTER

Damit Sie Rezepte mit bestimmten Zutaten noch schneller finden, sind in diesem Register auch beliebte Zutaten wie **Reis** oder **Spinat** alphabetisch eingeordnet und hervorgehoben. Darunter finden Sie das Rezept Ihrer Wahl. Vegetarische Rezepte, die im Buch mit einem 🍃 gekennzeichnet sind, sind hier grün abgesetzt.

© 2016 GRÄFE UND UNZER
VERLAG GmbH, München
Alle Rechte vorbehalten. Nach-
druck, auch auszugsweise, sowie
die Verbreitung durch Film, Funk,
Fernsehen und Internet, durch
fotomechanische Wiedergabe,
Tonträger und Datenverarbei-
tungssysteme jeglicher Art nur
mit schriftlicher Genehmigung
des Verlages.

Projektleitung: Karina Rernböck
Lektorat: Kathrin Gritschneder
Korrektorat: Petra Bachmann
**Innen- und Umschlaggestal-
tung:** independent Medien-
Design, Horst Moser, München
Herstellung: Mendy Jost
Satz: Kösel, Krugzell
Reproduktion: medienprinzen
GmbH, München
Druck und Bindung:
Schreckhase, Spangenberg
Syndication:
www.seasons.agency
Printed in Germany

5. Auflage 2017
ISBN 978-3-8338-5017-2

 www.facebook.com/gu.verlag

GRÄFE
UND
UNZER

Ein Unternehmen der
GANSKE VERLAGSGRUPPE

Die Autorin

Martina Kittler, Diplom-Ökotro-
phologin und erfolgreiche Koch-
buchautorin, versteht es wunderbar, in ihren fantasievollen und
alltagsauglichen Rezepten die
Aspekte Genuss und gesunde Er-
nährung zu vereinen.

Das Fototeam

Andrea Kramp und **Bernd Gölling** lernten sich während des
Fotodesign-Studiums in Hamburg
kennen. Seit 1983 sind sie frei-
beruflich tätig und arbeiten ge-
meinsam in ihrem Studio in Hamburg im Bereich Food und Still
Life. Zu ihren Kunden zählen Re-
daktionen, Verlage und Agentu-
ren. Die Rezepte in diesem Buch
haben sie mit **Hermann Rott-
mann** (Foodstyling) stimmungs-
voll in Szene gesetzt.

Bildnachweis

Autorenfoto: Fotos mit
Geschmack, Alling;
alle anderen Fotos: Kramp +
Gölling Fotodesign, Reeßum

Titelrezept

Thai-Salat mit Mango
und Roastbeef (S. 30)

Umwelthinweis:

Dieses Buch ist auf PEFC-zertifi-
ziertem Papier aus nachhaltiger
Waldwirtschaft gedruckt.

Liebe Leserin, lieber Leser,

haben wir Ihre Erwartungen erfüllt?
Sind Sie mit diesem Buch zufrie-
den? Haben Sie weitere Fragen zu
diesem Thema? Wir freuen uns auf
Ihre Rückmeldung, auf Lob, Kritik
und Anregungen, damit wir für Sie
immer besser werden können.

GRÄFE UND UNZER Verlag
Leserservice
Postfach 86 03 13
81630 München
E-Mail:
leserservice@graefe-und-unzer.de

Telefon: 00800 / 72 37 33 33*
Telefax: 00800 / 50 12 05 44*
Mo–Do: 9.00 – 17.00 Uhr
Fr: 9.00 – 16.00 Uhr
(gebührenfrei in D, A, CH)*

Ihr GRÄFE UND UNZER Verlag
Der erste Ratgeberverlag – seit 1722.

Backofenhinweis:

Die Backzeiten können je nach Herd
variieren. Die Temperaturangaben
in unseren Rezepten beziehen sich
auf das Backen im Elektroherd mit
Ober- und Unterhitze und können
bei Gasherden oder Backen mit Um-
luft abweichen. Details entnehmen
Sie bitte Ihrer Gebrauchsanweisung.

Appetit auf mehr?

ISBN 978-3-8338-5016-5

ISBN 978-3-8338-5105-6

ISBN 978-3-8338-5167-4

ISBN 978-3-8338-3774-6

ISBN 970-3-8338-4124-8

 Alle hier vorgestellten Bücher sind auch als eBook erhältlich.

DRESSINGS AUF VORRAT

Fix mixen und kühl aufbewahren: Die drei aromatischen Saucen machen jeden Salat im Glas an – egal, ob grüne Blätter, Rohkost, Pasta oder Getreide.

SENF-VINAIGRETTE

Für ca. 300 ml (6 – 8 Portionen): 8 EL Weißweinessig, ½ TL Salz, Pfeffer, ½ TL Zucker und 2 TL Dijon-Senf in einem hohen Rührbecher mit dem Stabmixer gründlich mischen. 120 ml Olivenöl, 4 EL Rapskernöl und je 1 EL Lein- und Walnussöl mit dem Stabmixer untermischen. Die Vinaigrette in ein sauberes Schraubglas füllen, verschließen und kühl stellen. Vor dem Gebrauch gut durchschütteln. Passt zu Blatt-, Gemüse-, Rohkostsalaten. Haltbarkeit: 2 – 3 Wochen. Würztipps: Zusätzlich gehackte Kräuter (z. B. Petersilie, Estragon, Schnittlauch), Nuss- oder Mandelmus oder fein gewürfelte Schalotten untermischen.

SALSA VERDE

Für ca. 300 ml (6 – 8 Portionen): Nach Belieben 1 Knoblauchzehe abziehen und grob hacken. 1 Bund Petersilie und 6 Stiele Basilikum waschen und trocken schütteln, Blätter abzupfen und hacken. 2 EL Kapern abtropfen lassen und hacken. Alles mit 4 EL Weißweinessig, 150 ml Olivenöl und 3 EL Gemüsebrühe fein pürieren. Mit Salz, Pfeffer und 1 Prise Zucker würzen. In ein sauberes Schraubglas füllen, verschließen und kühl stellen. Passt zu kräftigen Salaten mit Pasta, Fleisch, Fisch oder Meeresfrüchten. Haltbarkeit: 2 – 3 Tage. Würztipp: 2 in Salzlake eingelegte Sardellenfilets abgespült, abgetropft und gehackt untermischen.

BUTTERMILCH-DRESSING

Für ca. 350 ml (6 – 8 Portionen): 200 ml Buttermilch, 100 g Joghurt, 2 EL Rapskernöl, 2 EL Zitronensaft und 2 TL flüssigen Honig in einem hohen Rührbecher mit dem Stabmixer gründlich mischen. Mit Salz und Pfeffer abschmecken. 1 Bund Schnittlauch waschen und trocken schütteln, in feine Röllchen schneiden und unter das Dressing mischen. In ein sauberes Schraubglas füllen, verschließen und kühl stellen. Passt zu Salaten mit knackigen Blättern (z. B. Chicorée, Romana, Eisberg), Tomaten, Gurken oder auch Rohkost. Haltbarkeit: ca. 1 Woche. Würztipp: Das Dressing mit 1 TL fein geriebener Bio-Zitronenschale würzen.